賀年食品 • 14

說祝賀語 • 15

元宵節 • 16

綵燈會 • 18

猜燈謎 • 20

親子DIY • 21

U0108498

大掃除

　　「大掃除」代表「去舊迎新」的意思。

　　每年農曆十二月廿八日，人們會把全屋打掃得乾乾淨淨，以迎接新一年的來臨。

「年」的傳說

今天是除夕，明天就是新年了，媽媽正在給孩子講一個關於「年」的傳說故事呢！

年獸的故事

　　從前，有一隻叫做「年」的怪獸。每年到了除夕，年獸就會闖進村子裏來抓小動物吃，四處破壞。

　　後來，人們發現年獸最怕紅色、火光和吵鬧的聲音。於是，在除夕這天，家家戶戶都在門上貼上春聯，還放鞭炮和敲鑼打鼓來嚇走年獸。從此，年獸真的不敢再來了，這些活動漸漸就成為過年的習俗了。

吃年夜飯

在除夕晚上，一家人聚在一起吃年夜飯，代表一家團聚。

逛年宵市場

　　年宵市場裏有各種不同的攤檔，有賣濕貨的，如年花、年桔等；也有賣乾貨的，如春聯、充氣玩具等各種賀年小玩意。此外還有賣小吃的攤檔呢。

美麗的年花

爸爸買了很多年花回家。小朋友，你認識這些年花嗎？你知道它們各代表什麼意思嗎？請你用線連連看。

1.

水仙花
●

2.

百合
●

3.

劍蘭
●

●
A. 百年好合

●
B. 步步高陞

●
C. 幸福快樂

答案：1.C 2.A 3.B

12

拜年

大年初一，我們穿上新衣服，到
親朋好友家拜年，互相恭賀。

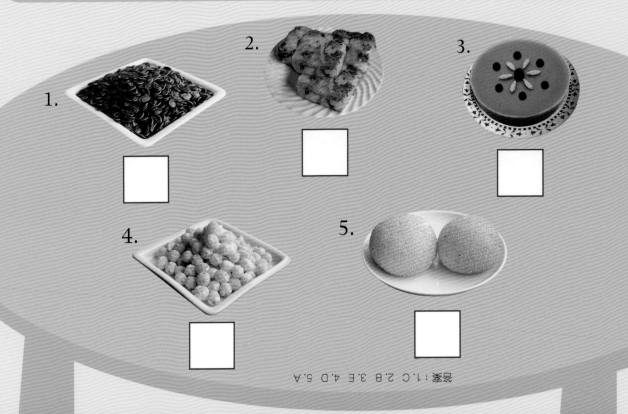

賀年食品

桌上放滿了各種各樣的賀年食品，你認識它們的名稱嗎？請把代表答案的字母填入 ☐ 內。

A. 煎堆　　B. 蘿蔔糕　　C. 瓜子　　D. 糖蓮子　　E. 年糕

1. ☐

2. ☐

3. ☐

4. ☐

5. ☐

說祝賀語

拜年的時候，我們對不同的人會說不同的祝賀語。以下有一些例子，小朋友，請你試着說說看。

例如： 身體健康　學業進步　出入平安　大吉大利

拜年的時候，小朋友還會收到長輩給予的紅封包呢。

元宵節

正月十五元宵節，

一家人一起吃湯圓，

寓意團團圓圓、和睦美滿。

綵燈會

元宵節的晚上，月亮又圓又大，一家大小到公園去，一邊賞月，一邊觀賞花燈。

猜燈謎

花燈會上有很多有趣的燈謎，你也來猜猜看。

1.

一間屋子有四個窗。

（猜一字）

2.

千根線，萬根線，

落在水裏看不見。

（猜一自然現象）

3.

左一片，右一片，

到老不相見。

（猜一人體部位）

4.

九十九。

（猜一種顏色）

答案：1.囧 2.下雨 3.耳朵 4.白

20

親子 DIY

朱古力湯圓

湯圓甜甜的，有不同的口味，真好吃！小朋友，你有想過自己動手包湯圓嗎？
快些請爸爸媽媽來幫忙，試着一起包湯圓吧！

你需要：（4 人分量，約 16 粒）

- 糯米粉 200 克
- 朱古力粒適量
- 黃片糖 1 片
- 生粉少量
- 溫水 250 毫升
- 薑 1 小片

做法：

1. 將溫水逐少加入糯米粉內混合，順時針方向攪拌，搓揉成粉糰。
2. 手沾上少量生粉，把粉糰平均分成小粉糰。
3. 把朱古力粒放入作內餡，然後把小粉糰搓圓。
4. 接着，製作糖水，把黃片糖和小薑片放入鍋子，加入適量清水煮沸。
5. 將湯圓放入糖水中，加蓋以猛火煮至湯圓脹大即成。

幼兒節日叢書 • 中國傳統節日

農曆新年

策　　劃：王燕參
責任編輯：胡頌茵
繪　　圖：野人
攝　　影：張玉聖
美術設計：張玉聖
出　　版：新雅文化事業有限公司
　　　　　香港英皇道499號北角工業大廈18樓
　　　　　電話：(852) 2138 7998
　　　　　傳真：(852) 2597 4003
　　　　　網址：http://www.sunya.com.hk
　　　　　電郵：marketing@sunya.com.hk
發　　行：香港聯合書刊物流有限公司
　　　　　香港荃灣德士古道220-248號荃灣工業中心16樓
　　　　　電話：(852) 2150 2100
　　　　　傳真：(852) 2407 3062
　　　　　電郵：info@suplogistics.com.hk
印　　刷：中華商務彩色印刷有限公司
　　　　　香港新界大埔汀麗路36號
版　　次：二〇一五年一月初版
　　　　　二〇二二年八月第五次印刷

ISBN: 978-962-08-6230-4
© 2015 Sun Ya Publications (HK) Ltd.
18/F, North Point Industrial Building, 499 King's Road, Hong Kong
Published in Hong Kong, China
Printed in China

照片來源：盧美全（封面 P.3）